AF454916

COMPLÉMENT DE TOUTES LES MÉTHODES DE MUSIQUE VOCALE

Médaille d'Argent, 1re nomination, à l'Exposition Universelle de 1878

DEVOIRS
DE
MUSIQUE

A L'USAGE DES ÉCOLES & DES ORPHÉONS

PAR

ALEXANDRE BRODY

Cet ouvrage permet aux Elèves de **noter comme devoirs, — de petits solféges et des mélodies faciles** sur toutes les clefs et dans tous les tons. Ces devoirs servent à exercer l'oreille et l'intelligence de l'Elève, en l'habituant **à écrire la musique** (sans copier machinalement), — en lui facilitant **l'étude des clefs,** — en le préparant à la **dictée écrite** et en **l'affermissant ainsi dans ses connaissances théoriques et pratiques.**

L'ouvrage est divisé en DEUX PARTIES qui se vendent séparément.

PREMIÈRE PARTIE

PRIX : **75** c. NET.

Chez A. BRODY, 40, Rue du Château-d'Eau, 40

ET CHEZ LES PRINCIPAUX MARCHANDS DE MUSIQUE ET LIBRAIRES

Sous presse : La 2e PARTIE, contenant des **Devoirs** dans tous les tons majeurs et mineurs.

Du même Auteur :

MÉDAILLE D'ARGENT, 1re NOMINATION, À L'EXPOSITION UNIVERSELLE DE 1878

5e ÉDITION

SOLFÉGE PRATIQUE

OU

NOUVELLE MÉTHODE DE LECTURE MUSICALE

Approuvé par le Directeur du **Conservatoire National de Musique de Paris.**
Adopté pour les Classes par le **Conservatoire Royal de Musique de Bruxelles.**
Approuvé par le **Conservatoire Royal de Musique de Milan.**

Renfermant un grand nombre d'EXERCICES dans tous les tons, et 110 MORCEAUX de 1, 2, 3 et 4 parties, extraits des œuvres des MAITRES ANCIENS et MODERNES, à l'usage des ÉCOLES et des SOCIÉTÉS CHORALES et INSTRUMENTALES.

1re Partie, 75 c. net. | 2e Partie, 1 fr. 25 c. net. brochée (Page : 38-90). | 3e Partie, 1 fr. 25 c. net. brochée.

Les trois Parties réunies et cartonnées, 3 *fr.* 50 *c.*

NOTA. — Tous les Exercices et Morceaux sont écrits en clef de Sol et en clef de Fa; leur étendue restreinte les met à la portée de toutes les voix.

8617 — Paris. Imp. A. MICHELS, passage du Caire, 8 et 10.

DEVOIRS de MUSIQUE

par

ALEXANDRE BRODY.

PREMIÈRE PARTIE

Exercices d'Ecriture.

*)

(*) Copier chacun de ces modèles plusieurs fois sur du papier réglé ou une ardoise.

Nouveau système de notation appliqué aux Devoirs de Musique.

REMARQUE: En écrivant nos exercices sur les différentes clefs, le DO grave de notre notation: D(sans barre) correspondra toujours au DO grave de chaque clef. Exemples:

DEVOIRS DE MUSIQUE.

Le Professeur donnera pour chaque leçon quelques uns des Devoirs suivants à **transcrire sur la Portée** en Clef de SOL, plus tard en Clef de FA et successivement sur les autres clefs que les élèves auraient besoin d'étudier.

Les Elèves **corrigeront leurs devoirs** d'après le "**Corrigé**" fait par le Professeur (au tableau) et les **solfieront ensuite**.

Il serait bon de hâter l'emploi de ces exercices attrayants et **faciles** qui accéléreront les progrès des élèves et qui les rendront bien vite "**bons lecteurs**."

EXEMPLE.

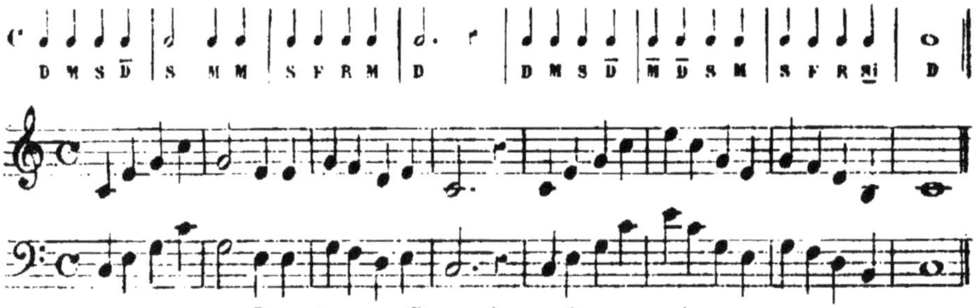

C D M S D | S M M | S F R M | D | D M S D | M D S M | S F R Si | D

Devoirs en Do majeur. (Nº 1-50)

(*)

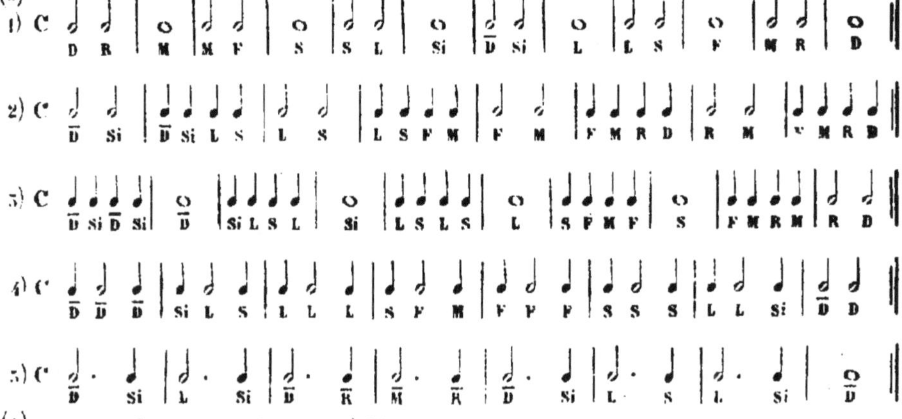

1) C D R | M | M F | S | S L | Si | D Si | L | L S | F | M R | D

2) C D Si | D Si L S | L S | L S F M | F M | F M R D | R M | F M R D

3) C D Si D Si | D | Si L S L | Si | L S L S | L | S F M F | S | F M R M | R D

4) C D D D | Si L S | L L L | S F M | F F F | S S S | L L Si | D D

5) C D Si | L Si | D R | M R | D Si | L S | L Si | D

(*) Nota. Les Elèves doivent s'habituer à bien prendre le ton de l'exercice ou du morceau, avant de le solfier. Voir page 20 Exercice Nº 1.

6) C L Si Si | D Si Si | L Si Si | D | R D D | Si D D | R D Si | L ||

7) 2/4 D M | S L | D L | S M | S L | S M | R S | D ||

8) 2/4 M S S | F R R | D R M | R M F | M S S | F R M F | M R | D ||

9) 2/4 S M M | S L L | S M S L | Si R D L | S M M | S L L | Si D R M | R D D ||

10) 2/4 D | Si Si Si | L | S S S | F | M M M | R M R | D ||

11) 3/4 S L Si | D | L Si D | R | Si D R | M | F M R | D | R D Si | L Si | D L Si | D ||

12) 3/4 L L | R R | D Si | L | L M | L M | R M R | D | L | R | D Si | L ||

13) 3/4 D S D | Si D R M R D | Si F Si | L Si D R D Si | L M L | S L Si D Si L | S R S | D M | R L Si | D ||

14) 3/4 D Si F | M L S | D Si F | M L S | L Si D | Si D R | D R M | D Si L S | M L S ||

15) 3/8 S | M S M | D M S | L | L | F L F | R F L | Si | Si | S Si S | M S Si | D | Si S R | D ||

16) 3/8 S D | Si L Si | S D | S R | S D | Si L Si | R D L | S | L R | S D | R L S | D ||

17) 6/8 S D M S D M | R F F R F F | M S D M S D | Si R R Si R R | D F L D F L | S Si Si D ||

18) 6/8 S M R D | S M R D | Si L S F | L S F M | S M R D | L F M R | D Si M R | D ||

19) 6/8 S M M M | R F F F | M D D D | Si R R R | D L L L | S D D D | Si S S S Si | D ||

20) C S L Si D | D R R | L Si D R | R M M | F S L Si | D R R | L Si Si | D ||

21) 3/8 D Si D R D Si | D D M | S L Si L S L | Si L S | D Si D R D Si | D D M | S L Si S L Si | D

22) C S L | S M | R S | F M | S D | L R | D Si | D

23) C S L | S M S | R S | M D M | S D R D | L R M R | D S D | Si D

24) C S L | S M | R S | F M | S D | L R | D Si | D

25) 2/4 D Si L S | D Si L S | L S L Si | D S M S | D Si L S | D Si L S | L S L Si | D

26) 2/4 D Si L S | | L S L Si | | D Si L S | | L S L Si | D

27) 2/4 D L S | D L S | L S L Si | D | D S | D L | S S | D

28) 2/4 D Si | L S | L Si | D M | D Si | L S | L Si | D

29) 6/8 M S F R | D M S D S | L D F L | S M D R | M S F R | D M S D S | L F R S | D M R D

30) 2/4 D | D Si | L | L S | F | F M | R | R | S | S | D | D

31) C D D D D D | R R R R R | M M M M M | F F F F F | S S S S S | L L L L L | Si Si Si Si Si | D

32) C D D D | Si Si Si | L L L | S S S | F F F | M M M | R R R | D D D D

Allegretto. Mélodie danoise de Gebauer.

33) 2/4 D D D D | M M M M | S S S S | D S | R S S S | M D D | D D Si L | S D M | R M F S | D

Andante. A. Brody.

34) 3/4 S M D | Si L | S M D | Si L | S M M | M R | D L | D Si

S M D | Si L | S M D | Si L | S M M | M R L | D Si | D

Valse tyrolienne.

35) 3/4 S | S M R | D M S | F R Si | D S | S M R | D M S | F R Si | D

F R Si | D M S | F R Si | D M S | S M R | D M S | F R Si | D

Air populaire.

36) 2/4 M F | S S L L | S D R | M R D Si | D M F | S S L L | S D R | M R D Si | D F M

R M F M | R F M | M D Si L | S M F | S S L L | S D R | M R D Si | D

H. Duvernoy.

37) C S S | D M | S F M | F R D Si | D S S S | D M | S F M | F R D Si | D M R

D M | R D Si | L S L Si | D S M R | D M | R D Si | L S L Si | D

Andantino. Air suisse de Naegeli.

38) 3/4 S | D Si L S | S M S | S F M R | M D S | L D L

S M S | L Si D L | S M M | R M F | M D | Si D R | D

Ch: M. de Weber.

39) 3/8 S M F | S M D | d Si L Si | D D | Si Si Si | D Si M R | R D L Si | S

S S S | L S S | S S S D | D D | d Si L Si | D M L S | S F R M | D

Allegretto. A. Brody. fin

40) 2/4 D S D S | M R D R S | D S D S | M R D R | D S D S | M R D R S | D S D S | M R Si D

L M L M | D Si L Si M | Si M Si M | R D Si D L | D L D L | M R D R D Si | D Si L M M | L

A. Brody.

41) 2/4 S | S D | D | D Si R | F | F L S F | F | F M | S | S M R D | Si L | S F | M | M D R S | D D

42) C S S S S S S S S S | D S D | M F S M F S F R | R M F R M F M D | S D S D M D S M | D

A. Brody.

43) 2/4
L D Si L | M R M R | D M L D | Si | L D Si L | M R M R | D R M M | L

44) 3/8
D D S L S | R R S L S | M R D Si L | R D Si D Si L Si L S | D Si D S D S D

R D R S R S R | M R D Si L S | F S L Si D R | M R D R S | D Si D D

45) 2/4
Si R D Si D L S R | S L Si D R M L | Si R D Si D L S R | S L Si D R R S

46) C
M F F | S D | F S S | L R | Si D D | R S | M D L F | S F | M D Si S | F

47) C
D Si Si | L R | R D D | Si M | M M R | D F | S F F R | D

Moderato. Air Norwégien.

48) 3/4
D R | M M R M F | S S L F | M M F M R | D M | S S S | L L L

Si Si Si | D M F | M M F M R | D D R | M M | M

Allegro. Rossini.

49) C
D D M S M | D D M S M | D D R M F | S L S | S S Si R Si | S S Si R Si

S S F M R | D R D | fin D D L F L | S S M R D | D D L F L | S S S F F R

Allegretto. Mozart.

50) C
D D D D | D R R | S S L Si | D | M M M M | F S L | S S S S | D

Si Si D M | R Si S | Si Si D M | S S L S F | M M M M | F S L | S S S L Si | D

Devoirs en Sol majeur. (N° 51 - 70)

(*)

51) fa♯ C — S L Si D | R M R D | Si L S F | M R M F | S L Si D | R Si L S | D L S F | S ||

52) fa♯ 3/4 — R M F S | L Si D | Si L S Si | L F R | R M F S | L Si D | Si R D F | S ||

Allegretto. — Mélodie Autrichienne.

53) fa♯ 3/4 — R Si | R Si | L S L | Si | L L Si | D L | Si Si D | R Si | R Si | R Si | D Si L | S. ||

A. Brody.

54) fa♯ C — S S R R | M M L | R S D F | S F S L S F M R | S S R R | M M L | R S F D Si S M L | S F S ||

Allegro. — Mélodie Allemande.

55) fa♯ 2/4 — R D | Si | L Si D L | S | Si D R Si | L Si D L | Si D R Si | L Si D L | Si D | R | D Si D L | S ||

Mélodie Russe.

56) fa♯ 3/4 — Si Si Si R D Si | L L L D Si L | S S S Si L S | F F F L S F | S L Si | R D Si | S L Si | R D Si ||

Allegro. — Mélodie populaire.

57) fa♯ C — R | S Si Si L S | L R R | L L D Si L | Si S R | S S Si L S | L L D Si L | Si L | S ||

Andante. — God save the queen. — Lulli.

58) fa♯ 3/4 — S S L | F S L | Si Si D | Si L S | L S F | S ||: R R R | R D Si | D D D | D Si L | Si D Si L S | Si D R | M D Si L | S ||

Allegretto. — Mélodie populaire.

59) fa♯ 3/4 — S S S | Si L S | Si Si Si | R D Si | R D Si | L | L S F | S L Si | D Si L | Si D R | R D Si L | S ||

Moderato. — Mélodie populaire.

60) fa♯ 2/4 — R S S | F L L | D L S F | L S S | R S S | F L L | D L S F | L S S | R Si Si S | S M M | D Si L S | F M R | R S S | F L L | D L S F | L S S :||

Air populaire.

61) fa♯ 6/8 — Si | R Si R Si | S R | S F S L L | Si | Si L Si D D | R Si | R M R R D Si | Si L | L Si L L D | Si R | D Si L Si S | Si L Si | R Si R Si | D M | R M R L Si | S S ||

(*) Voir page 20, Exercice N° 2.

Gavotte d'Armide.
Allegretto.
Gluck.
62) fa: C
Andante.
Fr. Gluck.
63) fa: 6/8
fin
Air populaire.
64) fa: 2/4
Mouvt de Valse.
Mél: Autrichienne.
65) fa: 3/4
Allegro.
Naegeli.
66) fa: 3/8
Sostenuto.
Air ancien.
67) fa: C
Couperin.
68) fa: C
Andantino.
Mélodie Allemande.
69) fa: 2/4
Moderato.
F. Schubert.
70) fa: 12/8

(*) Devoirs en Ré majeur (N° 71-88)

71) fa# do# C
R M F S | L Si D R | M R D Si | L S M L | R F L R | R D R D | R F L R | R ||

72) fa# do# C
R D Si | L Si F | S F M L | R M F R L L | R D Si | L S F | S F M L | R ||

73) fa# do# 3/4
R F L R L F | L R | S D | L R | R F L R L F | L R | S D | R ||

Allegro. — Beethoven.

74) fa# do# C
F F S L | L S F M | R R M F | F M M | F F S L | L S F M | R R M F | M R R ||
M M F R | M F S F R | M F S F M | R M L F | F F S L | L S F M | R R M F | M R R ||

Animato. — Anselme Weber.

75) fa# do# 6/8
R R F F | L F | S S F M F | M | M F S F | Si L | R L S F M |
R F S | L F S L F S | L F F | M M M F M | R F S | L F S L F S | L F R | M M M F M | R ||

Moderato. — Naëgeli. Fin.

76) fa# do# 6/8
F S F S | L R R | R M R M | F S F M | F S F S | L R R | F M R M | R |
L S M F S | L F R F | L S M F S | L F R L | Si S R Si | L F R L | L Si L L S F | F M ||

Allegretto. — Ch. M. de Weber.

77) fa# do# 3/4
R M F F | L S F F | R M F F | L S F | S F M R M | D R M F | D R M Si | Si D | R M R D | R D R ||

Lent. — J. S. Bach.

78) fa# do# 4/4
F | Si L S F | M F D | R R D Si D | Si F | Si L S F | M F D | R R D Si D |
Si R | D Si L Si D | R L | Si L S F S | F R | D R M R D | Si D F | S F M L | R ||

Religioso. — O sanctissima. — Mélodie Sicilienne.

79) fa# do# C
L Si | L S F S | L Si | L S F S | L L | Si D R | D Si | L |
M F M F | S L S | F S F S | L Si L | R D Si L | R Si L S | F M | R ||

(*) Voir page 20 Exercice N° 3.

80) fa♯ do♯ C — Moderato. — Naëgeli.

F | L R D R | Si L F | S Si L S | F L | R F M R | D Si L L

Si D R R | D L | R L L F | Si S | Si Si M M | M L F | R R D | R

81) fa♯ do♯ 3/4 — Andantino. — A. Brody.

L | F L | M L | R S M | F R | Si R | L R | Si M R

D L | R D Si | L S F | S M L | F R | S F M | R Si L | S M F | R

82) fa♯ do♯ 2/4 — Allegretto. — Mélodie populaire.

R L L | L Si L S F | R F R F | F M M | Si S S | S L S F M | D M D M

M R R | R F L F | F M M | M S Si S | S F F | R F L F | F M M | M F S D | M R R

83) fa♯ do♯ 6/8 — Moderato. — Mélodie allemande.

L L Si L L | F R | M M L L | F | L L Si L L | F R | M M L D

R | M M M F S | L D | Si Si R Si S | L | L L Si L L | R Si | L L L S M | R

84) fa♯ do♯ 6/8 — Allegretto. — Mozart.

R | R F L R | L L F R | S S S L S | F R | R F L R | L L F R | M M M F M

R F | S R M F S | L F R R | R D Si Si L S | L R | R F L R | R S S Si | L F L S F M | R

85) fa♯ do♯ 3/4 — Moderato. — Mélodie norwégienne.

R M | F F M F S | L L Si S | F F S F M | R F

L L L | Si Si Si | D D D | R F S | F F S F M | R R M | F | F

86) fa♯ do♯ 3/4 — Chanson populaire.

L S Si L | F L | R F Si | L S | S F S M | D L | Si S

L F | L S Si L | F L | R F Si | L S | M R | D Si L | S F M | R

87) fa# do# 2/4 — *Allegretto.* — Paul Foulard.

L R F Si | L R F | M F S L | Si L | L R F Si | L R F | M F S L Si D | M R

88) fa# do# 6/8 — *Lento* — Mélodie suisse.

F | F M F L Si L | L S F L | R L Si L | L L F | F M F L Si L |

L S F F | M L S L Si | D Si L D | M R D Si | L L L | L F L L | L R Si Si |

L L L L | L R Si L L | L F L L | L R Si M | R R D Si D | R R ||

(*) Devoirs en La majeur (N°89-106)

89) fa# do# sol# C

L S Si L | S F M R | D R M F | S L Si D | R Si S M | L ||

90) fa# do# sol# 3/4

L D L | R D | Si D Si | L M | L D Si L | R D | Si D Si |

L | M M D | F M | R R Si | M R | D D L | R D | Si D Si | L ||

91) fa# do# sol# 2/4 — *Allegretto.* — A. Brody.

M | F S L S | D Si L D | Si L S Si | L F M M | F S L Si | D Si L D | Si L S Si | L M L

92) fa# do# sol# 2/4 — Mozart.

L Si | D L Si | D Si L S | F S L Si | S M L Si | D L Si | D Si L S | F Si S M | L ||

93) fa# do# sol# C — *Animé* — Mélodie allemande

M | L D D Si L | Si M M | Si R R D Si | D L M | L L D Si L | Si Si R D Si | D Si | L ||

94) fa# do# sol# 3/4 — *Andantino.* — Himmel.

D D | D Si Si Si | Si L L L | L S M F S | L Si D D R | D Si R D Si | Si L D Si L | L S M F S | L

95) fa# do# sol# 3/8 — *Allegretto.* — Air populaire.

D D Si | L | D D Si | L | D R M | M R D R | Si D R | R D Si D | D D R Si | M | D D M R Si | L

(*) Voir page 20, Exercice N°4.

Allegro. — Air populaire.

96) fa♯ do♯ sol♯ 2/4
L D Si L | M M | R F M R | D D R M | L D Si L | M M | R F M R | M |
D M D M | D M R | R D Si L Si | D Si L Si M | D M D M | D M R | R D Si L D | Si L S L ||

Allegretto. — J. A. Hiller. Fin.

97) fa♯ do♯ sol♯ 2/4
L D Si L M | D M R R D | Si M Si R D Si | L S L |
Si S L Si S L | Si R D M R | D M F M R D | D Si ||

Allegro. — A. Brody.

98) fa♯ do♯ sol♯ 2/4
L Si S | L Si S | L Si D R D | Si R D Si | L S L Si S | L S L Si S | L Si D R D | Si D L ||

All.° non troppo. — Mélodie espagnole.

99) fa♯ do♯ sol♯ 3/4
M | L L S L Si | D L M | M F D | M R R | Si Si L Si D | R Si S | M F S | L ||

Allegretto. — Air populaire.

100) fa♯ do♯ sol♯ 2/4
D R | M M F F | M L Si | D Si L S | L D R | M M F F | M L Si | D Si L S |
L R D | Si D R D | Si R D | Si L S F | M D R | M M F F | M L Si | D Si L S | L ||

Vif. — Mozart.

101) fa♯ do♯ sol♯ 2/4
L L L | D L L | M M M | L M M | D D R | F M M | M F S |
L D | D L M | R R D | D Si L S | L D | R Si | L | D Si L S | L ||

Andantino. — Air oriental.

102) fa♯ do♯ sol♯ C
D Si L Si D | R D Si L Si M F | M D R D R Si | D | R D Si D R M | D R D Si L | S F D Si | L ||

Moderato. — Chant populaire.

103) fa♯ do♯ sol♯ 3/4
M D | D Si M R | R D L D | M D R Si | Si L |
L D D D D D | M R Si | Si R R R R R | F M D L D | M D R Si | Si L ||

(*) Voir page 20 Exercice N° 6

113) sib 2/4 — Lent. — Mél: Autrichienne.
D D Si S | F L | D D Si S | F F | S S S S | D D L F | S S S S | D D L | D D Si S | F

114) sib 6/8 — Allegretto. — Air populaire.
F | L L L S | Si L Si L | S S S F S | L F F | L L L S | Si L D
L F S S | F F || Fin D | D L R R | D D D | D L R R | D D

115) sib C — Vif. — Mél: Allemande.
F L D F | R F R D | Si D L F | S F : Fin | D D Si Si | L D L S | D D Si Si | L D L S

116) sib 6/8
L | D L D L | F D | F M F S S | L | L S L Si Si | D L | D R D Si L | L S
S L S Si Si | L D | Si L S L F | L S L | D L D L | Si R | D R D Si L | F F

117) sib C — Samori.
L | D L D L | Si S M | F S L D Si | L S L | D L D L | Si S M | F Si L S | F

118) sib 2/4 — Allegretto. — Mél: populaire.
D | F L D F | D L L | Si Si S S | L L L D | F L D F | D L L | Si Si S S | F L
Si Si S S | L L L D | Si Si S S | L L L D | F L D F | D L L | Si Si S S | F

119) sib 2/4 — Allegro. — Mélodie Danoise.
F F F | L F F | F F F | L F F | L L L | D L F | S | L
L L L | D L L | L L L | D L L | F F F | L S F | S | F

120) sib 2/4 — Air populaire.
L L | F L | D Si L | Si S F M | F D L L | F L | D Si L | Si S D D | Fin F
L L | F L | S F M | R D R M | F D L L | F L | S F M | R D R M | F

121) sib C — Haydn.
F S | L S Si L | S M F R D | Si L S L F | D : || S L | S M D Si L
S M D D Si | L L Si Si | D || F M | M R D R D | D Si L S L Si | D R Si S F L S | F :||

Allegretto. Mozart.

122) sib C D Si | L L L S L | Si Si Si L | S S S F S | L F | D L L | D L |
R Si | S D | L L L | D L | R Si | S D | L S S S |
L F D D D | L F S S S | L F D D D | L F F | M | F | S | L | D | F ||

Allegro. Mozart.

123) sib C D | F F S M | F D D D | L L Si S | L F R | M R R R | R M R | D Si Si L L S S | F ||

Moderato. Naegeli. Fin

124) sib 6/8 L Si L Si | D F F | F S F S | L Si L S | L Si L Si | D F F | L S F S | F || D |
D Si S L Si | D L F D | D Si S L Si | D L F D | R Si F R | D L F D | D R D D Si L | L S ||

F. Zelter.

125) sib C D | F S L Si | D R D L | Si L Si D | L L Si | D D D Si D | R M F M R | D L D Si L S | F ||

A. Brody.

126) sib 6/8 L L L D D D | Si R Si S | S S S Si Si Si | L D L F | M F S L S L | F S L Si L Si |
S L Si D Si D | L Si D R | F Si R F F L | Si L S D | F Si R D F L | Si L S F ||

Allegretto. Mél: populaire.

127) sib 3/8 F L | D D R Si | D D Si | L L Si S L | F F L | D D R Si | D D Si | L L Si S L | F S |
L L D F L | S S S | L L D F L | S F L | D D R Si | D D Si | L L F S M | F ||

Allegretto. Air populaire.

128) sib 2/4 D | F F F L | F D D | F F F L | F F F F | D D D D | R Si Si | Si Si Si R | R D Si L D |
D Si L S Si | Si L S F L | S F M R D | F F F F | S S S | L L L D | Si L S | F ||

Moderato. Schubert.

129) sib 12/8 F D F D S D | S D S D L F | D F D F R Si L S | D M [illegible] ||

Berceuse.
Lent.
Schubert.
Symphonie pastorale
Allegretto.
Beethoven.
Andante gracioso.
Mozart.
Freischütz.
Molto Vivace.
Ch. M. de Weber.
Devoirs en Sib majeur (Nº 134 - 146)
J. A. Hiller.
fin
(*) Voir page 20. Exercice Nº 7.

Allegretto. Mél: Russe.

139) si♭ mi♭ 2/4 F Si L D | Si S F F | F Si L D | Si S F | R R M M | S S F F | R R M M | S S F ||

Naegeli.

140) si♭ mi♭ 4/4 R | F Si L Si | S F R | M S F M | R F | Si R D Si | L S F F | S L Si Si |
L F | Si F F R | S M | S S D D | D F R | Si Si Si Si | F R F | Si R M F F | Si ||

Lent. Mél: Allemande.

141) si♭ mi♭ 2/4 R Si S | F Si Si | D Si D | R S F | F M F | S M R | D R D | F |
D R D | Si S F | R M R | S R D | F S F | F M R | D S L | Si ||

Mél: Bavaroise.

142) si♭ mi♭ 3/8 Si | Si F F | F M M | D M M | M R R R | Si R R | R D D | M L L L | D Si Si ||

And. maestoso. S. Naumbourg.

143) si♭ mi♭ C Si L S | F S F M R | D F D R D | Si R F R | R D Si |
Si M Si S | F Si D R D | Si Si | Si S M | F Si F R | D F D R D | Si ||

Allegretto. Rameau.

144) si♭ mi♭ ¢ F S | F Si Si L S L | Si F R D Si | D F R M | R D :|| D R |
D Si L S Si D | Si L S F Si F | S F Si F | S F Si | D R M D Si | Si :||

Andante cantabile. Air de Préciosa. Ch. M. de Weber.

145) si♭ mi♭ 3/4 F R | Si F | M D | D | F Si Si | Si L | F R D Si | Si L | F Si | D Si S M |
M D | R D L F | R D Si S | F R | D M S F | M R | R F Si | R Si F R | F M D | Si ||

Paër.

146) si♭ mi♭ 6/8 F | R F M D | F R | R L Si F R S | F M R F | M F S L | Si D | L Si L S | F F |
R F M D | F R | R L Si F R S | F M R M | R M F S | D M F S M D | Si F D Si D | Si D D | Si F D Si D | Si ||

Devoirs en Mi♭ majeur (Nº 147 - 162)

147) si♭ mi♭ la♭ 2/4
M S Si S M L D L F L D L F Si R Si M D L F D Si S M Si R M M

148) si♭ mi♭ la♭ C
M R M F S L Si L S F M R M S Si L S F M S F M

149) si♭ mi♭ la♭ C
Si D Si Si D Si Si D Si L S F M F S Si D Si Si D Si Si D Si L S F M R M

Moderato. Mél: Norvégienne.

150) si♭ mi♭ la♭ 3/4
M F S S F S L Si Si D L S S L S F M S Si Si Si
D D D R R R M S L S S L S F M M F S S M

Allegretto. A. Brody.

151) si♭ mi♭ la♭ 3/8
S Si Si S Si L F L L F L S Si M M Si R D Si L S F M

Lent. Mél: Suisse.

152) si♭ mi♭ la♭ 3/4
M S Si S M Si D Si M Si D Si Si L S S F
Si S D Si Si L S F M Si D Si L S F M M

Mouvᵗ de Marche. L. Glaser.

153) si♭ mi♭ la♭ ₵
M S M Si Si D R M D D D D L M D D Si
D D D D L M D D Si D D Si L S F Si Si L S F M

Allegro. Mél: Allemande.

154) si♭ mi♭ la♭
M S Si M D M D Si L Si S M F M Fin Si Si L L S Si S F Si Si L L S Si S F

Religioso. Mél: Sicilienne

155) si♭ mi♭ la♭ C
Si D Si L S Si D Si L S Si Si D R M R D Si
F S F S L Si L S L S L Si D Si M R D Si M D Si L S F M

Moderato. Reichardt.

156) si♭ mi♭ la♭ C
M Si Si L L S F Si Si M L S F F L L S S D Si L S S F F M

(*) Voir page 20. Exercice Nº 8.

Allegretto. Mél: Norwégienne.

157) sib mib lab 3/8
M S | Si Si | D L D | Si Si | L F L | S M S | F F | M
S L Si | L L | S M S | F F | S L Si | Si L L | S M S | F F
M S | Si Si | D L D | Si S Si | L F L | S M S | Si Si | M

Moderato.

158) sib mib lab 6/8
Si Si D Si Si | S M | F F Si Si | S | Si Si D Si Si | S M | F F Si R | M
F F F S L | Si R | D D M D L | Si | Si Si D Si Si | M D | Si Si Si L F | M

Allegro. Ch. M. de Weber.

159) sib mib lab C
Si L Si D Si | M R M F M | S F M R D | D Si | F S L L | Si M R D | D Si R | M

Moderato. Mél: Styrienne.

160) sib mib lab 3/4
M F | S Si S F M | F D F L D | Si F Si D L Si | S M F
S Si S F M | R F R D Si | L Si D R M L | Si Si Si | D L M R D | D Si S Si Si
R D Si D L Si | S Si Si | D L M R D | L Si S F M | R D Si D L F | M

Allegro. Mél: Bohémienne.

161) sib mib lab 3/4
Si Si Si Si S L D | Si D Si L S L S F M | D D D D Si L S | F F M R D Si
Si Si Si M R D Si | L S L F M | D D D L S F M | Si Si Si Si Si M

A. Brody.

162) sib mib lab C
Si S | L F | M F | S | M Si S | D L F
M R D Si | L S Si | R D | Si L S F M F S L | M S F | M

EXERCICES SUR L'EMPLOI DU DIAPASON POUR ÉTABLIR LE TON.

Fin de la Première Partie

TABLE DES MATIÈRES.

PREMIÈRE PARTIE.

DEUXIÈME PARTIE.

imp. Michelet & Cie R. du Hasard

www.ingramcontent.com/pod-product-compliance
Ingram Content Group UK Ltd.
Pitfield, Milton Keynes, MK11 3LW, UK
UKHW021046260726
13994UKWH00005B/2375